FRAGMENS,

DE DIFFERENS

BALLETS,

REPRÉSENTÉS

PAR L'ACADEMIE ROYALE

DE MUSIQUE,

Le Mardi 10 Séptembre, 1748.

PRIX XXX. SOLS.

AUX DEPENS DE L'ACADEMIE.

On trouvera les Livres de Paroles à la Salle de l'Opera & à l'Academie Royale
de Musique, rue S. Nicaise.

M. D.C.C. XLVIII.

AVEC APPROBATION ET PRIVILEGE DU ROY.

Les Paroles de M. DANCHET.

La Musique de M. CAMPRA.

ACTEURS CHANTANS

Dans les Chœurs.

Côte' du Roi.		Côte' de la Reine.	
Mesdemoiselles.	*Messieurs.*	*Mesdemoiselles.*	*Messieurs.*
Dun.	Lefebvre.	Cartou.	S. Martin.
Tulou	Le Page C.	Masson.	Le Mesle.
Delorge.	Laubertie.	Gondré.	Bellanger.
Larcher.	Fel.	Rôllet.	Levasseur.
Cazeau.	Bourque.	Delâtre.	
Rosalie.	Duchênet	Lablotiere.	Belot.
Folliot.		Daliere.	Chapotin.
Le Tourneur	Rochette.	Chefdville.	
Grimiau.	Gratin.	Hery.	Favier.
		Duperey.	Le Roy.

A ij

ACTEURS DU PROLOGUE.

HEBÉ, *Déeſſe de la Jeuneſſe*. Mlle Romainville.

UNE SUIVANTE D'HEBÉ, Mlle Jacquet.

LA VICTOIRE,   Mlle Metz.

SUITE D'HEBÉ.

PERSONNAGES DANSANS.

SUITE DE LA JEUNESSE.

M^{r}. LE LIEVRE, Mlle IMBLOT.

M^{rs}. Le Febvre, Laurent, Laval.

Mlles Sauvage, Parquet, Amedée.

BERGERS & BERGERES.

Mr DEVISSE, Mlle CARVILLE.

M^{rs}. Caillé, Feuillade, Bourgeois.

Mlles Devaux, Bellot. L., Bellot. C.

PROLOGUE.

DES AMOURS DE VENUS.

Le théâtre repréfente le Palais D'HEBÉ. Cette Déeffe y paroit fur un Thrône de fleurs environnée de fa Cour.

SCENE PREMIERE.
HEBÉ & SA SUITE.
CHŒUR.

REGNEZ, aimable Hebé, joüiffez de la gloire
De tenir fous vos loix la plus brillante Cour :
Les Jeux fuivent vos pas, fans vous le tendre Amour
N'eft jamais fûr de fa victoire.

Regnez , aimable Hebé , joüiſſez de la gloire
De tenir ſous vos loix la plus brillante Cour.

UNE SUIVANTE.

De ce ſéjour heureux la triſteſſe eſt bannie ,
Elle n'y vient jamais répandre ſon poiſon :
Le devoir n'y fait point ſentir ſa tyrannie ,
Le penchant du plaiſir, y tient lieu de raiſon.
Mortels ſongez quel eſt le cours de votre vie ,
Et paſſez avec nous votre jeune ſaiſon.

La Cour d'Hebé forme des Danſes autour d'elle.

LA SUIVANTE.

Venez riante jeuneſſe ,
Livrez-vous à vos deſirs ,
Laiſſez la ſombre vieilleſſe,
Murmurer de vos plaiſirs.

Non ce n'eſt point par ſageſſe
Qu'elle blâme les amours ,
C'eſt par la ſeule triſteſſe
De n'avoir plus de beaux jours.

Venez riante jeuneſſe ,
Livrez-vous à vos déſirs ,
Laiſſez la ſombre vieilleſſe ,
Murmurer de vos plaiſirs.

On danſe.

HEBÉ deſcend de ſon thrône.

HEBÉ.

Par les cruels efforts d'une guerre fanglante,
Du féjour des humains les amours exilés ,
   Dans cette retraite charmante
   Se font par mes foins raffemblés.

     On entend un bruit de guerre.

Mais que m'annoncent ces trompettes !
La Victoire defcend dans ces belles retraites.

SCENE II.

LA VICTOIRE, HEBÉ & sa Suite.

LA VICTOIRE.

Hebé par l'efpoir des plaifirs
Confolons les mortels, & flattons leurs défirs.
Je finirai bientôt les troubles de la terre :
J'avois favorifé la jaloufe fureur
Des peuples obftinés à prolonger la guerre ,
   Mais j'ai reconnu mon erreur.

D'un Roi qui fçut toujours ufer de la victoire ,
Je viens de feconder les éclatans projets
   Sous fes drapeaux je ramene la gloire
C'eft à tout l'Univers faire efperer la paix.

   # PROLOGUE.

HEBÉ.

Bergers reprenez vos mufettes ,
Chantez les plaifirs amoureux ;
Baniffez vos craintes fecrettes
La Paix va combler tous vos vœux.

Preparez de nouvelles Fêtes ,
Et par les fons les plus flatteurs ,
Celebrez les tendres conquêtes ,
Qu'Amour va faire fur les cœurs.

On danfe.

FIN DU PROLOGUE.

LES SOIRÉES.

LES SOIRÉES DE L'ETÉ,

TIRÉES DU BALLET

DES FESTES DE L'ETÉ.

Les Paroles de M. PELLEGRIN.
La Musique de M. MONTECLAIR.

A

ACTEURS.

ARGANTE, *Tuteur d'Hortenfe.* M. Perſon.

LISIS, *Amant d'Hortenfe.* M. de la Tour.

HORTENSE, Mlle Coupée.

ZERBIN, *valet d'Argante.* M. Le Page.

DORIS, *ſuivante d'Hortenfe.* Mlle Chevalier.

HABITANS DES RIVES DE LA SEINE.

MARINIERS & MARINIERES.

PERSONNAGES DANSANS.

MARINIERS & MARINIERES.

Mlle CAMARGO.

Mr. TESSIER, Mlle LYONOIS, Mr. LEVOIR.

Mrs. Dupré, Dumay, Matignon, Hamoche, Caillé.

Mlles Thierry, Dazenoncourt, Sauvage, Beaufort, Briſeval.

LES SOIRÉES
DE L'ÉTÉ.

PREMIERE ENTRÉE.

Le théâtre repréſente les rives de la Seine ; on voit le Soleil prêt à ſe coucher.

SCENE PREMIERE.

ARGANTE, ZERBIN.

ZERBIN.

D'OU-VIENT qu'avec tant de ſecret
Une Barque ici ſe prépare.
Expliquez - vous, je ſuis diſcret ;
Quel myſtére ? . . .

A ij

ARGANTE.

Il est tems que je te le déclare ;
Mais lorsque mon cœur s'ouvre à toi,
Zerbin , songe à ton tour à me garder ta foi.

ZERBIN.

Vous pouvez compter sur mon zéle.

ARGANTE.

Tu sçais que j'ai conduit Hortense dans ces lieux ?

ZERBIN.

Sans trop paroître curieux ,
D'où peut naître ce soin que vous prenez pour elle?
J'y croyois entrevoir de l'amour :
Cependant sous les loix d'une austere tutelle ,
Elle a gemi jusqu'à ce jour.

ARGANTE.

Ce n'est qu'à mon amour extrême
Qu'il faut imputer ma rigueur ;
Je crains qu'un trop heureux vainqueur
Ne s'empare de ce que j'aime ;
Je deffends l'approche d'un cœur,
Que je veux garder pour moi-même.

ZERBIN.

Croyez-vous qu'on daigne à son tour
Répondre à l'ardeur qui vous presse ?
Vous avez vêcu plus d'un jour.

On peut chez la froide vieilleſſe
Prendre des leçons de ſageſſe ;
Mais jamais des leçons d'amour.

A R G A N T E.

Pour un cœur que rien n'engage
Tout Epoux doit être égal ,
Et l'on peut plaire à tout âge,
Quand on n'a point de rival.

Z E R B I N.

Hortenſe eſt ſur le point de ſortir d'eſclavage ,
Et bientôt de vos ſoins vous perdrez tout le fruit.

A R G A N T E.

Pour la derniere fois elle voit ce rivage.

Z E R B I N.

Quoy ! . .

A R G A N T E.

Pour l'en éloigner je n'attends que la nuit.

Z E R B I N.

O Ciel!

A R G A N T E.

Parens , Amis , contre moi tout conſpire ,
Et Liſis en ſecret ſoupire.
C'eſt trop expoſer tant d'appas :
Cachons-les dans des lieux ſoumis à ma puiſſance ,
Tout eſt prêt ; mais je vois Hortenſe :
Ne la contraignons point , toi ne me trahit pas.

SCENE II.

HORTENSE, DORIS.

DORIS.

Tout ce que vous voyez a de quoi vous sur-
prendre.

HORTENSE.

Je regarde par tout & ne fais qu'admirer,
Mais en foule en ces lieux pourquoi vient-on se rendre ?

DORIS.

C'est pour voir & pour se montrer.

HORTENSE.

Pour se montrer !… C'est à vous de m'instruire;
Hé! Pourquoi se montrer ?

DORIS.

       Pour donner de l'amour.

HORTENSE.

Et cet amour, Doris, quel bien peut-il produire?

DORIS.

Vous l'éprouverez quelque jour
Lisis à vos yeux va paroître….
Vous n'interrogez plus !

HORTENSE.

Je ne veux rien sçavoir.

DORIS.

Quoi ! Déja ses regards vous ont-ils fait connoître
Qu'il est dangereux de le voir.

HORTENSE.

Ah ! Qu'il laisse regner le calme dans mon ame :
Je le veux fuir.

DORIS.

Rassurez-vous :
L'aveu de vos Parens autorise sa flâme,
Il veut devenir votre époux.

HORTENSE.

Argante y consent-il !

DORIS.

N'osez-vous de vous-même
Faire un choix qui flate vos vœux ?

HORTENSE.

Pour faire un choix on dit qu'il faut qu'on aime
Et qu'on ne peut aimer sans être malheureux.

DORIS.

A ces leçons je reconnois Argante.

HORTENSE.

L'Amour ſi je l'en crois , eſt un fatal poiſon
Qui trouble le repos & ſéduit la raiſon.

DORIS appercevant L I S I S.

Sous une image plus charmante
Liſis vient l'offrir à vos yeux.

HORTENSE.

Il approche, ah ! Quittons ces lieux,
Le ſeul nom d'amant m'épouvante.

SCENE III.

LISIS, HORTENSE, DORIS.

LISIS.

Hortenſe, belle Hortenſe, où portez-vous vos
pas ?

HORTENSE.

Non , Liſis , ne m'arrêtez pas.

LISIS.

Quel injuſte couroux , contre-moi vous anime ?

HORTENSE.

On dit que vous m'aimez.

LISIS

L I S I S.

M'en faites-vous un crime ?
Hortenfe, belle Hortenfe, où portez-vous vos pas ?

H O R T E N S E.

Non, Lifis, ne m'arrêtez pas.

Je fuis les maux que l'amour caufe ;
Tous vos foins doivent m'allarmer :
On m'a trop dit à quoi s'expofe
Un jeune cœur qui veut aimer.

L I S I S.

Quoi vous m'ôteriez l'efperance
De vous voir répondre à mes vœux.

H O R T E N S E.

L'amour eft un mal dangereux,
Laiffez-moi mon indifférence.

L I S I S.

Non rien n'eft fi doux que l'amour,
Rien n'a plus d'attraits que fes flâmes,
Sans l'efpoir même du retour,
Il fçait l'art d'enchanter nos ames ;
Ah ! Pour être à jamais charmé,
S'il faut feulement que l'on aime,
Quel plaifir ! Quel bonheur fuprême
D'aimer & d'être aimé.

B

HORTENSE.

Qu'entens-je ! Quel nouveau langage !
Argante de l'amour m'a fait une autre image :
Il le peint ſi cruel, vous le peignez ſi doux ;
Je ne ſçai qui de vous m'abuſe :
Mais je ſens en ſecret que c'eſt lui que j'accuſe :
Et ſi j'en crois mon cœur, je m'en rapporte à vous.

LISIS.

Quoi ! je puis eſperer que mon amour vous touche ?

HORTENSE.

Au ſeul nom de l'amour d'où vient qu'on m'effarou-
che ?
Et pourquoi me l'offrir ſous des traits odieux ?
Eſt-il toujours riant, aimable, gracieux
Tel que l'annonce votre bouche,
Et tel qu'il paroît dans vos yeux.

LISIS.

Que ne m'a-t'il prêté tout ce qu'il a de charmes
Pour forcer votre cœur à lui rendre les armes.

HORTENSE.

Ah ! Pour me garantir de ſon fatal pouvoir,
Il faut ceſſer de vous entendre
Et ſur-tout ceſſer de vous voir :
Retirons-nous Doris.

_L I S I S._

Quoi! Sans daigner m'apprendre
Si mes feux . . .

_D O R I S._

C'eſt à tort que votre amour ſe plaint.

_L I S I S._

Elle me fuit,

_D O R I S._

Elle vous craint,
Elle n'eſt pas loin de ſe rendre.
Mais les diſcours ſont ſurperflus ;
Songeons à prevenir le ſort qui nous menace.
Hortenſe, aux yeux de votre Argus
Pour la premiere fois vous avez trouvé grace ,
Les droits qu'il a ſur vous ſont encore abſolus :
Peut-être, il vous prépare une éternelle abſence.

_L I S I S & H O R T E N S E._

Hé quoi! nous ne nous verrions plus ?

_D O R I S._

Zerbin eſt dans ſa confidence
Il m'aime & ſi je veux lui donner quelque eſpoir,
Par lui je pourrai tout ſçavoir :
Mais en ces lieux chacun s'avance.

Eloignez vous je vais chercher Zerbin
Pour apprendre votre deſtin.

SCENE IV.

HABITANS DES RIVES DE LA SEINE.

CHŒUR.

L'Amour va conduire en ces lieux
Toutes les Beautés qu'il enchaîne,
Aimables rives de la Seine
Que vous brillerez à nos yeux.

Le Soleil se couche.

SCENE V.

ZERBIN, DORIS.

DORIS.

EH quoi ! Zerbin est de la fête.

ZERBIN.

Crois-tu que les plaisirs ne soient faits que pour toi ?

DORIS.

Je te soupçonnerois d'un dessein de conquête,
Si tu pouvoit brûler pour d'autres que pour moi.

ZERBIN.

Hé ! Pourquoi, d'une ardeur nouvelle
Ne puis-je pas être enflâmé ?

Dois-je garder un cœur fidele
A qui ne m'a jamais aimé.

D O R I S.

Sur une trompeufe apparence
Tu m'accufois d'indifference.
Lorfqu'en fecret pour toi , je brûlois à mon tour ;
Tu connois mal le cœur des Belles,
Plus elles reffentent d'amour
Et plus elles font les cruelles.

Z E R B I N.

Non , non , je ne m'y trompe pas :
La vanité flatte les Belles ;
Et l'on pique les plus cruelles
Dès qu'on néglige leurs appas :
Quand je te fuis , tu me rappelle ,
Si je reviens tu me fuiras.

D O R I S.

Zerbin n'en doute plus , mon amour eft fincere.

Quand l'amour eft encore naiffant ,
Il n'en coûte guere
D'en faire un miftere ;
Mais quand le mal devient preffant ,
Non la plus fevere ,
Ne fçauroit plus taire ,
Les feux qu'elle fent.

Tu vois que de ſes feux, mon cœur n'eſt plus le maître.

Z E R B I N.

Par ce ſecret à ton cœur échappé,
Un doux eſpoir dans le mien doit renaître,
Doris, tu m'abuſe peut-être;
Mais on eſt aiſément trompé,
Quand on ſe plaît à l'être.
Adieu.

D O R I S.

Quoi me quitter ſi-tôt.

Z E R B I N.

C'eſt à regret, mais il le faut.

D O R I S.

Reponds mieux à l'amour que je te fais connoître
Tu me vois, je te vois, goûtons ce doux plaiſir.

Z E R B I N.

Bien-tôt, grace aux ſoins de mon maître,
Nous nous verrons tout à loiſir.

D O R I S.

Tout à loiſir! Que veux tu dire:

Z E R B I N.

Le reſte de ce jour je veux être diſcret:
Demain tu ſçauras mon ſecret.

DORIS.

Non je veux tout fçavoir fans tarder davantage,
Parle, de ton fecret, ma main fera le prix,
Cher Zerbin.

ZERBIN.

Ah ! Je m'attendris
Je crains qu'a trop parler mon amour ne m'engage;
Fuyons.....

DORIS.

Demeure.

ZERBIN.

Adieu Doris.

DORIS.

Il fuit, fuivons fes pas, achevons mon ouvrage
Et ne le quittons point qu'il ne m'ait tout appris.

SCENE VI.

DORIS, HABITANS DES RIVES DE LA SEINE, MARINIERS & MARINIERES.

GRAND CHŒUR.

ASſemblons nous ſur ces rivages ;
Vents qui ſuſcitez les orages,
Ne venez point troubler nos jeux.

PETIT CHŒUR.

Que le calme le plus heureux,
Regne ſur les eaux de la Seine,
Qu'on ne reſpire ici que la plus douce haleine
Des zéphirs amoureux.

GRAND CHŒUR.

Aſſemblons nous ſur ces rivages,
Vents qui ſuſcitez les orages
Ne venez point troubler nos jeux.

On danſe.

DORIS.

Flambeau des Cieux,
Pour braver ton ardeur brûlante,
Nous cherchons ces aimables lieux,
Tous nous enchante,

Dans

Dans ce féjour ;
Le Dieu d'Amour,
Y tient fa cour.

Jeunes Zéphirs
Vous y formez d'amoureux défirs,
On croit entendre vos foupirs,
L'Onde murmure doucement
Et femble plaindre fon tourment
Tout défire,
Tout foupire,
Tout s'exprime tendrement.

On danfe.
La Lune paroît dans fon plein.

D O R I S.

Un nouvel Aftre à nos jeux eft propice,
Que de fa gloire ici tout retentiffe.

Dès que fous l'humide féjour
Le Soleil cache fa lumiere
Vous commencez votre carriere.

Nous vous voyons à votre tour
Triompher de la nuit obfcure,
Vous dédomagez la nature,
De l'abfcence du Dieu du jour.

On danfe.
A

D O R I S.

Les beaux jours
Ne durent guére ;
Les beaux jours
Semblent trop courts;
Le tems vôle d'une aîle légere,
Doux plaisirs vous preffez fon cours.

On danfe.

D O R I S.

L'amour fur ce rivage
Fait naître mille ardeurs ;
Qu'il fait un doux ravage ?
Qu'il a d'attraits vainqueurs !

C H Œ U R.

L'amour fur ce rivage
Fait naître mille ardeurs ;
Qu'il fait un doux ravage ?
Qu'il a d'attraits vainqueurs!

D O R I S.

Remportez la victoire
Dieux charmans pour votre gloire,
Triomphez de tous les cœurs.

C H Œ U R.

L'amour fur ce rivage
Fait naître mille ardeurs ;

Qu'il fait un doux ravage ?
Qu'il a d'attraits vainqueurs !

D O R I S.

Embrasez jusqu'au sein des eaux,
Sous vos loix que tout s'engage,
Lancez des feux nouveaux.

C H Œ U R.

L'amour sur ce rivage
Fait naître mille ardeurs ;
Qu'il fait un doux ravage !
Qu'il a d'attraits vainqueurs !

On danse.

S C E N E   V I I.

LISIS, HORTENSE, DORIS,

DORIS a HORTENSE.

C'Est trop vous allarmer, je réponds de Zerbin,
Pour Lisis, il quitte son maître,
Et pour prix de ses soins, je lui donne ma main ;
Il doit se rendre ici.

H O R T E N S E.

Ciel ! qu'il tarde à paroître !
Argante peut le prévenir.

A ij

Lifis fi je vous perds, que vais-je devenir ?
L'amour à vous entendre étoit fi plein de charmes ;
Cependant vous voyez mes mortelles allarmes.

L I S I S.

Puis-je trop de l'amour vous vanter les appas,
Après l'aveu que vous me faites,
Sans lui je ne jouirois pas
Du trouble charmant où vous êtes.

H O R T E N S E.

Mais Zerbin ne vient point.

D O R I S.

Calmez ce vain effroi,
C'eft lui même que j'aperçois.

SCENE VIII.

LISIS, HORTENSE, ZERBIN, DORIS.

ZERBIN.

TEndres Amans, la barque eſt prête,
J'ai trompé les yeux du Jaloux,
Venez, c'eſt à l'Amour à couronner la fête,
    Embarquons-nous.

ENSEMBLE.

Allons, c'eſt à l'Amour à couronner la fête,
    Embarquons-nous.

SCENE XI.

ARGANTE, & les Acteurs de la Scene
    précédente.

ARGANTE.

TOut répond à mon eſperance.....
Mais quel objet frappe mes yeux !

LISIS.

Hâtons nous partons de ces lieux.

A R G A N T E.

Arrête . . . . Et toi cruelle Hortenfe,
   Eft-ce là ta reconnoiffance?
  Ai-je pour un rival elevé ta beauté,
Quel prix de tant d'amour , quel fruit de tant de
   peines.

H O R T E NSE & Lisis.

L'Amour $\left\{\begin{matrix} \text{lui} \\ \text{me} \end{matrix}\right\}$ préparoit des chaînes,

L'Amour $\left\{\begin{matrix} \text{lui} \\ \text{me} \end{matrix}\right\}$ rend la liberté.

E N S E M B L E.

Liberté , liberté.

A R G A N T E.

Il font déja loin du rivage ,
Ah ! Je m'abandonne a ma rage.

FIN DE LA PREMIERE ENTRÉE.

L'ESTIME,

TIRÉ

DES AMOURS DÉGUISÉS.

Les Paroles de Monsieur FUZELIER.
La Musique de Monsieur BOURGEOIS.

A

ACTEURS.

OVIDE, *Chevalier Romain.*   M. de Chaffé.
JULIE, *Fille d'Augufte.*   Mlle. Fel.
ALBINE, *Dame Romaine.*   Mlle. Jacquet.
UNE CHYPRIOTE.   Mlle. Gondré.
UN INDIEN.   M. Poirier.
UN SCYTHE.   M. Perfon.
CHŒURS DE CHYPRIOTES.
CHŒURS A LA SUITE DE LA PRINCESSE.

PERSONNAGES DANSANS

INDIENS.

Mr DUMOULIN, Mlle DALLEMAND.

M^{rs}. DUPRÉ, LANY, DEVISSE, LYONNOIS.

Mrs Dumay, Matignon, Dupré.
Mlles Thieri, St. Germain, Minot.

SCYTES.

Mrs Hamoche, Laval, Feuillade.
Mlles Sauvage, Brifeval, Himblot.

L'ESTIME.

SECONDE ENTRÉE.

Le théâtre repréfente les Jardins du Palais DE JULIE.

SCENE PREMIERE.

JULIE, ALBINE.

ALBINE.

CE jour vous affervit à mille foins divers,
Cachez votre trifteffe extrême,
Tandis qu'Augufte en paix gouverne l'Univers,
Sa fille ne fçauroit regner fur elle-même !

A ij

Rome, par d'aimables concerts,
Renouvelle les jeux & la réjouiffance
Que fit éclore ici votre heureufe naiffance.
Preparez-vous aux jeux qui vous feront offerts,
Feignez du moins, ...

JULIE.

Non, non, je ne fçaurois plus feindre,
Albine, c'eft trop me contraindre ;
Je veux connoître Ovide & pénétrer fon cœur,
Je veux connoître enfin fon heureufe Corine,
C'eft en vain qu'il s'obftine
A nous cacher toujours l'objet de fon ardeur.

ALBINE.

Craignez de découvrir votre fecrette flâme,
Ah ! Deviez-vous la reffentir jamais.

JULIE.

Dieux ! Quel reproche tu me fais ?
Quand le fils de Venus triompha de mon ame,
Ne fçai tu pas qu'il me cachoit fes traits ?

L'Amour charmé de me furprendre
Sous le nom de l'eftime a féduit ma fierté,
En le reconnoiffant j ai voulu m'en deffendre,
Mon cœur étoit déja dompté.

ALBINE.

Quelque foin que l'Amour prenne
Quand il veut fe déguifer
On le reconnoît fans peine.

Ce Dieu ne peut amufer
Qu'un cœur épris de fa chaîne
Et qui cherche à s'abufer.

Quelque foin que l'Amour prenne
Quand il veut fe déguifer
On le reconnoît fans peine.

JULIE.

Vole, defcend des cieux, Amour vainqueur char-
mant,
Par une nouvelle victoire,
Triomphe de l'objet qui caufe mon tourment.

Venge mon cœur, venge ta gloire,
Tu dois récompenfer les plus tendres foûpirs,
Et cependant, hélas ! Dans un autre efclavage
Tu fouffre l'objet qui m'engage.
Amour, fais changer fes defirs,
Pour ceffer d'être ingrat, qu'il devienne volage.
Vole, defcend des cieux, Amour vainqueur char-
mant,
Par une nouvelle victoire,
Triomphe de l'objet qui caufe mon tourment.

ALBINE.

Souvenez - vous d'Augufte , & que fon Trône un
    jour . . .

JULIE.

C'eft un Romain qui pour mon cœur foupire
La liberté femblable au tendre amour ,
Egaloit autrefois dans cet heureux féjour ,
Tous les mortels foumis à fon empire.

Eh ! Comment ne pas m'enflâmer ?
Ovide eft favori de la Cour de Cythere ,
Nous tenons de lui l'art d'aimer ,
Il fçait encore mieux l'art de plaire ;

Eh . Comment ne pas m'enflâmer ?

ALBINE.

Il approche , craignez de trahir votre flâme.

JULIE s'écartant.

Tâchons de découvrir le fecret de fon ame ,
Et quels attraits l'ont fçû charmer.

SCENE II.

O V I D E , seul.

DEguisez bien , mon cœur , le feu qui vous
    dévore ,
Craignez que les échos n'aprennent vos soupirs.
      Et vous , volez jeunes Zéphirs ,
Annoncez dans ces lieux la Beauté que j'adore.

Hélas ! Quand je la vois, que mon sort est heureux,
Sa présence est le prix de mes tendres allarmes,
      Admirer en secret ses charmes
Est l'unique faveur que prétendent mes vœux.

Déguisez bien , mon cœur , le feu qui vous dévore.
Craignez que les échos n'apprennent vos soupirs.
      Et vous, volez jeunes Zéphirs ,
Annoncez dans ces lieux la Beauté que j'adore.

S C E N E III.

O V I D E, J U L I E,

J U L I E.

Venez-vous chercher dans ma Cour
L'objet inconnu qui vous bleffe.

O V I D E.

C'eft-à notre aimable Princeffe
Que je dois feulement confacrer ce beau jour.
Je fuis chargé des jeux que Rome vous aprête.

J U L I E.

Tandis qu'on difpofe la fête
Voudrez-vous contenter un défir curieux ?
Votre ardeur trop long-tems au filence s'obftine,
Aprenez-moi quelle eft cette aimable Corine
Que vous cachez à tous les yeux.

O V I D E.

Ah ! Princeffe, épargnez un Amant déplorable,
Que lui demandez-vous ! O Dieux !
Il eft affez coupable.

Fidele au tendre Amour, j'ai publié ſes loix,
J'ai ſecondé ſes doux exploits;
Par mes ſoins plus d'un cœur rebelle
A Paphos offre ſon encens,
Hélas ! Une peine éternelle,
Des ſoupirs étouffés, des regrets impuiſſans
Sont l'unique prix de mon zéle.

J U L I E.

Vous me cachez le ſort de vos tendres déſirs,
Quelle beauté pourroit mépriſer les ſoûpirs
D'Ovide amoureux & fidele.

O V I D E.

La Beauté que j'oſe adorer
Ne ſçait pas encore mes allarmes
Et doit toûjours les ignorer.

J U L I E.

Pourquoi dérober à ſes charmes
Le ſeul tribut qui peut les honorer ?
De la Beauté qu'on aime, eſt-ce offenſer la gloire
Que de parler de ſon ardeur ?
Non, chaque fois qu'on nomme ſon vain-
queur,
On renouvelle ſa victoire.

O V I D E.

Dieux ! Quels combats vous me livrez !

J U L I E.

Les beaux yeux que vous adorez,
Sont trahis par votre silence ;
Que servent à leur puissance
Des triomphes ignorés ?

O V I D E.

Ils font à chaque instant cent conquêtes plus belles,
De cet Objet divin tout ressent le pouvoir ;
On éprouve en l'aimant, que tous les cœurs fideles
Ne doivent pas leur constance à l'espoir.

La grandeur de son rang reçoit plus d'un hommage,
Qu'on n'ose qu'en secret, offrir à ses appas ;
Mille amours déguisés qui volent sur ses pas,
Du timide respect empruntent le langage.

J U L I E.

Ah ! Ne me cachez plus le nœud qui vous engage,
Nommez-moi la Beauté qui vous a sçu charmer.

O V I D E.

Vous peindre ses attraits, n'est-ce pas la nommer !

J U L I E.

Vous me déguisez-bien ce que je veux apprendre,
Je ne prétends pas vous gêner.

OVIDE

O V I D E.

Vous feignez vainement de ne me pas comprendre,
Quel supplice à mon crime allez - vous ordonner ?

J U L I E.

Feindre de ne le pas entendre,
N'est-ce pas vous le pardonner ?
Je sçai quelle est votre Corine ,
Par des soupirs discrets prouvez-lui votre ardeur ;
Je me charge du soin d'instruire votre cœur,
Du prix que le sien vous destine.

O V I D E.

Ah , que mon fort est glorieux.

On entend un prélude qui annonce le Divertissement.

J U L I E.

Contraignez les transports que vous faites paroître,
On annonce la Fête , il faut quitter ces lieux ;
Cachez toûjours Corine à tous les yeux,
Je prétends seule la connoître.

B ij

SCENE DERNIERE.

Le théâtre repréfente un grand Salon du Palais de JULIE, *rempli de différents peuples. Cette Princeffe arrive & fe place fur un thrône.*

JULIE, ALBINE, OVIDE,
SUITE DE LA PRINCESSE :
HABITANS DE L'ISLE DE CHIPRE, INDIENS, SCYTHES.

O V I D E.

R Affemblez - vous Peuples divers,
Qui partagez le fort de l'heureufe Italie,
Si Mars, aux loix d'Augufte a foumis l'Univers,
L'Amour le foumet à Julie.

Venez, venez, accourez tous.
Chantez un empire fi doux.

C H Œ U R.

Que le nom de notre Princeffe
Vole auffi loin que les amours :
Ses charmes triomphent fans ceffe,
Il faut les célébrer toûjours.

Que le nom de notre Princeffe
Vole auffi loin que les amours.

On danfe.

UNE CHYPRIOTE, à *Julie.*

Nous venons de ces beaux rivages ,
Dont en tous lieux les charmes font connus ;
Nous vous apportons des hommages
Que nous n'avions encore prefenté qu'à Venus.

L'Amour eft fûr de la victoire
Quand vos yeux fecondent fes coups ,
Les traits qu'il emprunte de vous
Ne trahiffent jamais fa gloire.

Que feroit-il fans vos appas ,
Sans ceffe il vôle fur vos traces ,
Vous avez de nouvelles graces,
Que Cythere ne connoît pas.

L'Amour eft fûr de la victoire
Quand vos yeux fecondent fes coups ,
Les traits qu'il emprunte de vous
Ne trahiffent jamais fa gloire.
                              On danfe.

UN INDIEN.

Vous brillez plus que l'Aurore
Qui naît dans notre féjour,

Et nous croyons être encore
Au lever du Dieu du jour.

Vous brillez plus que l'Aurore
Qui naît dans notre féjour ,   *On danfe.*

    L'ESTIME,
UN SCYTHE.

L'Amour dans nos climats n'avoit rien à prétendre,
Nos cœurs contre lui prevenus,
A son pouvoir charmant refusoient de se rendre,
Et nous adorions Mars, sans connoître Venus.
Contre les plus beaux yeux nous sçavions nous
   deffendre,
    Bellonne nous occupoit tous ;
    Vos attraits ont sçu nous apprendre
    Qu'il est des triomphes plus doux.

On danse.

C H Œ U R.

    Chantons, chantons, sans cesse,
    Notre aimable Princesse ;
Que les ris, que les jeux rassemblés par l'Amour,
Apprennent ses attraits aux échos de Cythére,
    Qu'il célébre autant ce beau jour,
    Que la naissance de sa mere.

FIN DE LA SECONDE ENTRÉE.

APPROBATION.

J'Ai lû par ordre de Monseigneur le Chancelier, une nouvelle Edition du *Prologue des Amours de Venus*, auquel est joint un acte intitulé *Les Soirées de l'Été* : suivi de *l'Acte de l'Estime* tiré du Ballet (si connu) *des Amours Déguisés* ; Et je n'ai rien trouvé dans ces Fragmens qui dût en empécher l'Impression. A Versailles ce vingt-sept Aoust 1748.

DEMONCRIF.

PIGMALION,

ACTE DE BALLET.

La Musique de Monsieur RAMEAU.

A

ACTEURS.

PIGMALION,   M^r. Jeliotte.
CEPHISE, *amante de Pigmalion.* Mlle Romainville.
L'AMOUR,   Mlle. Coupée.
LA STATUE *animée.*   Mlle. Puvigné, F.
CHŒUR DE LA SUITE DE L'AMOUR.
CHŒUR DE PEUPLES.

PERSONNAGES DANSANS.
LES GRACES.

Mlles Dallemand, St. Germain, Courcelle.
JEUX & RIS.
Mrs Girault, Feuillade, le Febvre, Bourgeois.
Mlles Minot, Beaufort.

PEUPLES.
Mrs Laurent, le Lievre, Laval, Caillez.
Mlles Dazenoncourt, Briseval, Amedée, Puvigné, M.

PAYSANS grotesques.
M^{rs}. LANY & SODI.
PAYSANS simples.
M^r. LEVOIR, Mlle. LYONNOIS.
Un Tambourin M. Marchand.

PIGMALION,
ACTE
DE BALLET.

Le théâtre repreſente l'Attelier de Pigmalion , au milieu
duquel paroît la Statue dont il eſt charmé.

SCENE PREMIERE.
PIGMALION, ſeul.

FATAL Amour! Cruel vainqueur!
Quels traits as tu choiſi , pour me percer le cœur?

A

Je tremblois de t'avoir pour maître.
J'ai craint d'être fensible, il falloit m'en punir,
Mais devois-je le devenir,
Pour un objet qui ne peut l'être ?

Fatal amour ! Cruel vainqueur !
Quels traits as tu choifi, pour me percer le cœur ?

Infenfible témoin du trouble qui m'accable,
Se peut-il que tu fois l'ouvrage de ma main ?
Eft-ce donc pour gemir & foupirer en vain,
Que mon art a produit ta figure adorable ?

Fatal amour ! cruel vainqueur !
Quels traits as tu choifi, pour me percer le cœur ?

SCENE II.

PIGMALION, CEPHISE,

CEPHISE.

Pigmalion eft-il poffible,
Que tu fois infenfible
Aux feux dont je brûle pour toi ?
Cet objet t'occupe fans ceffe :
Peut-il m'enlever ta tendreffe,
Et te faire oublier....

P. I G M A L I O N.

Cephife plaignez moi.
N'accufez que les Dieux; j'éprouve leur vengeance;
J'avois bravé l'Amour, il caufe mon tourment.

C E P H I S E.

Tu voudrois te fervir d'un vain déguifement,
     Pour me cacher un amour qui m'offenfe.

P I G M A L I O N.

Oui, je fens de l'amour toute la violence,
Et vous voyés l'Objet de cet enchantement.

C E P H I S E.

Non je ne te crois point, quelque fecrete chaîne,
Te retient & s'oppofe à mes vœux les plus doux.

P I G M A L I O N.

Tel eft l'effet du celefte courroux
     Qu'il m'impofe la peine,
     D'une flamé frivole eft vaine,
Et m'ôte la douceur de foupirer pour vous.

C E P H I S E.

Cruel, il eft donc vrai que cet objet t'enflâme:
A de fi vains tranfports abandonne ton ame;
Puiffent les juftes Dieux, par cette folle ardeur,
Punir l'égarement de ton barbare cœur.
                              Elle fort.

SCENE III.

PIGMALION *considérant sa Statüe.*

QUE d'appas ! Que d'attraits ! Sa grace enchan-
 teresse
M'arrache malgré moi des pleurs & des soupirs.
Dieux ! Quel égarement ! Quelle vaine tendresse !

  O Venus, mere des plaisirs
Etouffe dans mon cœur d'inutiles désirs.

Pourrois-tu condamner la source de mes larmes ?
L'Amour forma l'objet dont mon cœur est épris :
Reconnois à mes feux l'ouvrage de ton fils ;
Lui seul pouvoit rassembler tant de charmes.
 On entend une simphonie tendre & harmonieuse,
  le theâtre devient plus éclairé.
D'où naissent ces accords ! Quels sons harmonieux !
Une vive clarté se répand dans ces lieux.
  La simphonie continüe, la Statüe s'anime.
Quel prodige !.. Quel Dieu !... Par qu'elle intel-
 ligence ...
  Un songe a-t'il surpris mes sens ?
Je ne m'abuse point ... O divine influence ! ...
Protecteurs des Mortels !.. Grands Dieux !.. Dieux
 bienfaisants !...

SCENE IV.

PIGMALION, LA STATUE.

LA STATUE.

QUE vois-je ? Où fuis-je ? Et qu'eft-ce que je
 penfe ?
D'où me viennent ces mouvemens.

PIGMALION.

O Ciel !

LA STATUE.

Que dois-je croire ? Et par qu'elle puiffance
 Puis-je exprimer mes fentimens ?

PIGMALION.

O Venus ! O Venus ! Ta puiffance infinie...

LA STATUE appercevant PIGMALION.

Ciel ! Quel objet Mon ame en eft ravie !
Je goute en le voyant le plaifir le plus doux.
      S'adreffant à lui.

Ah ! Je fens que les Dieux qui me donnent la vie,
 Ne me la donnent que pour vous.

PIGMALION.

De mes maux à jamais cet aveu me délivre ;
Vous feule, aimable objet, pouviez me fecourir :

Si le ciel ne vous eut fait vivre,
Il me condamnoit à mourir.

LA STATUE.

Quel heureux sort pour moi ! Vous partagés ma
    flâme ;
Ce n'est pas votre voix qui m'en instruit le mieux :
    Mais je reconnois dans vos yeux
    Ce que je ressens dans mon ame.

PIGMALION.

Pour un cœur tout à moi, puis-je trop m'enflamer ?
    Que votre ardeur doit m'être chere :
Vos premiers mouvemens ont été de m'aimer.

LA STATUE.

    Mon premier désir de vous plaire.
    Je suivrai toujours votre loi.

PIGMALION.

    Pour tous les biens que je recoi,
Puis-je assez. . . . .

LA STATUE.

    Prenez soin d'un destin que j'ignore.
    Tout ce que je connois de moi,
    C'est que je vous adore.

Une simphonie annonce l'arrivée de l'Amour.

SCENE V.

L'AMOUR, PIGMALION, LA STATUE,

L'AMOUR à PIGMALION.

DU pouvoir de l'Amour ce prodige eſt l'effet.
　　L'Amour des long tems aſpiroit
A former par ſes dons, l'Etre le plus aimable;
Mais pour les unir tous, il falloit un objet,
　　Don ton art ſeul étoit capable.

Il vit, & c'eſt pour toi; pour toi ſes tendres feux
Etoient de tes talens la juſte récompenſe :
　　Tu ſervis trop bien ma puiſſance,
Pour ne pas mériter d'être à jamais heureux.

　　Jeux & Ris qui ſuivez mes traces,
Volés, empreſſés vous d'embelir ce ſéjour :

　　Venés, venés, aimables Graces,
C'eſt à vous d'achever l'ouvrage de l'Amour.
Les Graces ſuivies des Ris & des Jeux, arrivent en dan-
ſant, le lieu de la Scene s'embellit.
　　L'Amour continue.

Empreſſez-vous, aimables Graces,
Hatez-vous d'achever l'ouvrage de l'Amour.

Les Graces inſtruiſent la Statüe & lui montrent les diffe-
rens caraĉteres de la danſe.

C H Œ U R derriere le théâtre.

Cédons, cédons à notre impatience :
Courons tous, courons tous.

P I G M A L I O N à l'Amour.

Le peuple dans ces lieux s'avance.

Amour, il connoîtra juſqu'où va ta puiſſance,

Et quels biens ta bonté ſçait répandre ſur nous.

L'Amour ſe retire ; toute ſa ſuite, ainſi que Pigmalion
& la Statue, l'accompagne juſqu'au fond du théâtre ;
dans le même tems que le Peuple entre en danſant.

SCENE

SCENE DERNIERE.

PIGMALION, LA STATUE,
Chœur de la suite de l'Amour,
Chœur de Peuples.

PIGMALION au Peuple.

L'Amour triomphe, annoncés sa victoire,
Ce Dieu n'est occupé qu'à combler nos désirs :
　On ne peut trop chanter sa gloire ,
　Il la trouve dans nos plaisirs.

LES CHŒURS avec PIGMALION.

L'Amour triomphe, annonçons sa victoire ,
Ce Dieu n'est occupé qu'à combler nos désirs :
　On ne peut trop chanter sa gloire ,
　Il la trouve dans nos plaisirs.

Le Peuple danse autour de la Statüe.

PIGMALION.

Régne Amour , fais briller tes flâmes.
Sur des cœurs soumis à tes loix ,
　Epuise ton carquois :
Lance tous tes traits dans nos ames.

B

Tu nous fais, Dieu charmant, le plus heureux
    deſtin.
Je tiens de toi l'objet dont mon ame eſt ravie,
Et cet objet ſi cher reſpire, tient la vie
    Des feux de ton flambeau divin.

    Régne Amour, fais briller tes flames.
    Sur des cœurs ſoumis à tes loix,
        Epuiſe ton carquois :
    Lance tous tes traits dans nos ames.

*Un ballet général au ſon d'un tambourin & de tous les
autres inſtrumens, termine le divertiſſement.*

F I N.

PRIVILEGE DU ROY.

LOUIS par la grace de Dieu, Roy de France & de Navarre : A nos amés & feaux Conſeillers, les Gens tenans nos Cours de Parlemens, Maîtres des Requêtes ordinaires de nôtre Hôtel, Grand'Conſeil, Prevôt de Paris, Baillifs, Sénéchaux, leurs Lieutenans Civils, & autres nos Juſticiers qu'il appartiendra, Salut. Nôtre très cher & bien amé le Sieur LOUIS-ARMAND EUOÉNE DE THURET, cy-devant Capitaine au Regiment de Picardie; Nous a fait repréſenter que, par Arreſt de nôtre Conſeil du 30 May 1733. Nous avons revoqué le Privilege qui avoit été accordé au Sieur le Comte & ſes Aſſociez, pour raiſon de l'Academie Royale de Muſique, ſes circonſtances & dépendances, & rétabli ledit Privilege en faveur dudit Sieur Expoſant, pour en joüir par lui, ſes Aſſociez. Ceſſionnaires & ayans-cauſe aux charges & conditions portées par ledit Arreſt, pendant le temps & eſpace de vingt-neuf années, à compter du premier Avril de ladite année 1733 & que pour l'exploitation dudit Privilege, ledit Sieur Expoſant ſe trouve obligé de faire imprimer & graver les Paroles & la Muſique des Opera qui doivent être repréſentés; mais que pour cet effet il a beſoin de notre Permiſſion & des Lettres qu'il Nous a très-humblement fait ſupplier de lui accorder. A CES CAUSES, voulant favorablement traiter ledit Expoſant : Nous lui avons permis & permettons par ces Preſentes de faire imprimer & graver *les Paroles & Muſique des Opera, Ballets & Fêtes qui ont été ou qui ſeront repr-eſentés par l'Academie Royale de Muſique, tant ſéparément que conjointement* en tels Volumes; forme, marge, caractere, & autant de fois que bon lui ſemblera, & de les faire vendre & debiter par tout notre Royaume; pendant le temps de vingt-neuf années conſecutives à compter du jour de la datte deſdites Préſentes. Faiſons défenſes à toutes perſonnes, de quelque qualité & condition qu'elles ſoient d'en introduire d'Impreſſion ou Gravure Etrangere dans aucun lieu de notre obéïſſance : Comme auſſi à tous Imprimeur, Libraire, Graveurs, Imprimeurs, Marchands en Taille-Douce, & autres de graver, ni faire graver, imprimer, ou faire imprimer, vendre, faire vendre, débiter ni contrefaire leſdites Impreſſions, Planches & Figures de Paroles, de Muſique des Opera, Ballets & Fêtes, qui ont été ou qui ſeront repreſentez par ladite Academie Royale de Muſique, tant ſéparément que conjointement en tout ni en partie, ſans la permiſſion expreſſe & par écrit dudit Sieur Expoſant, ou de ceux qui auront droit de lui; à peine de confiſcation, tant des Planches & Figures, que des Exemplaires contrefaits & des Uſtanciles qui auront ſervi à ladite contrefaçon, que Nous entendons être ſaiſis en quelque lieu qu'ils ſoient trouvez; de dix mille livres d'amende contre chacun des Contrevenans, dont un tiers à Nous, un tiers à l'Hôtel-Dieu de Paris, l'autre tiers audit Sieur Expoſant, & de tous dépens, dommages & intérêts, à la charge que ces Préſentes ſeront enregiſtrées tout au long ſur le Regiſtre de la Communauté des Libraires & Imprimeurs de Paris, dans trois mois de la datte d'icelles; que la Gravure & Impreſſion deſdites Paroles & Opera ſera faite dans notre Royaume & non ailleurs, en bon papier & beaux caracteres, conformément aux Reglemens de la

Librairie, & ~~notamment à celui du dix Avril 1725.~~ & qu'avant de les expofer en vente
les Manufcrits gravés ou imprimés feront remis dans le même état où les Approbations auront été données ès mains de notre très-cher & féal Chevalier Garde des Sceaux de France,
le Sieur Chauvelin ; & qu'il en fera enfuite remis deux Exemplaires de chacun dans notre
Bibliotheque publique, un dans celle de notre Château du Louvre, & un dans celle de notre très-cher & féal Chevalier Garde des Sceaux de France, le Sieur Chauvelin: Le tout à
peine de nullité des Préfentes; Du contenu defquelles Vous mandons & enjoignons de
faire jouir ledit Sieur Expofant, ou fes Ayants-caufe, pleinement & paifiblement fans fouf-
frir qu'il leur foit fait aucun trouble ou empêchement. Voulons que la Copie defdites Préfentes, qui fera imprimée tout au long au commencement ou à la fin defdites Paroles ou
Opera, foit tenue pour düement fignifiée ; & qu'aux Copies collationnées par l'un de nos
amés & féaux Confeillers & Secretaires, foy foit ajoûtée comme à l'Original. Commandons
au premier notre Huiffier ou Sergent, de faire pour l'exécution d'icelles tous Actes requis
& neceffaires, fans demander autre permiffion, & nonobftant Clameur de Haro, Châtre Nor-
mande & Lettres à ce contraires. CAR tel eft nôtre plaifir. DONNÉ à Fontainebleau le
douziéme jour de Novembre, l'An de Grace mil fept cent trente-quatre, & de notre Regne
le vingtiéme : *Et plus bas*, Par le Roy en fon Confeil. *Signé* SAINSON, avec paraphe.

*Regiftré fur le Regiftre VIII. de la Chambre Royale des Libraires & Imprimeurs de
Paris, N. 797. fol. 779. conformément aux anciens Réglemens, confirmés par celui du
28 Février 1723. A Paris le 23 Novembre 1734.*
G. MARTIN, Syndic.

De l'Imprimerie de la Veuve DELORMEL, & Fils, Imprimeur
de l'Academie Royale de Mufique. ruë du Foin à Sainte Geneviéve.
& à la Colombe Royale.